AF382263

NELSON MANDELA

La lucha contra el apartheid

Por Françoise Puissant Baeyens
Traducido por Laura Soler Pinson

Historia 50MINUTOS.es

NELSON MANDELA

- **¿Nacimiento?** El 18 de julio de 1918 en Mvezo, provincia del Cabo (Sudáfrica).
- **¿Muerte?** El 5 de diciembre de 2013 en Johannesburgo (Sudáfrica).
- **¿Principales aportaciones?**
  - Militante de la lucha *antiapartheid*.
  - Creación de la rama militar del ANC (Congreso Nacional Africano), el Umkhonto we Sizwe («La Lanza de la Nación») a partir de 1960.
  - Contribución al proceso de transición democrática (1990-1994).
  - Presidente de la República de Sudáfrica (1994-1998) tras las primeras elecciones democráticas.
  - Figura emblemática de la reconciliación.

Cuando Nelson Mandela es liberado el 11 de febrero de 1990, tras veintisiete años en prisión, el mundo entero tiene los ojos puestos en Sudáfrica. En aquel entonces, nadie encarna mejor que él la lucha contra el *apartheid*, el régimen político instaurado en 1948 para institucionalizar una segregación racial que afecta a los sudafricanos en todos los aspectos de su vida. Las imágenes de su liberación, retransmitidas en el mundo entero, propagan la esperanza de un futuro mejor para el país.

Mientras sale de la cárcel, con el puño en alto como señal de victoria, vitoreado por la muchedumbre que se ha reunido para aclamarlo, resuenan en la mente de cada uno las últimas palabras que pronuncia antes de su condena:

> «He luchado contra la dominación blanca y he combatido la dominación negra. He promovido el ideal de una sociedad democrática y libre en la cual todas las personas puedan vivir en armonía y con igualdad de oportunidades. Es un ideal por el que espero vivir, pero si es necesario, es un ideal por el que estoy dispuesto a morir» (Martins 2013).

El destino extraordinario de aquel a quien le gustaba que lo llamaran Madiba, como recuerdo del nombre del clan de sus antepasados, no termina aquí. Tras su liberación, desempeña un papel importante en las negociaciones que se desarrollan entre su partido, el ANC, y el régimen en el poder, y que desembocarán en el desmantelamiento del *apartheid* y en la convocatoria de las primeras elecciones democráticas de país. En 1994, es elegido presidente de la nueva nación arcoíris y se le confía la dura tarea de llevar a Sudáfrica por la vía de la reconciliación, un camino plagado de obstáculos en el que deberá afrontar los miedos de los blancos y las esperanzas de los negros...

BIOGRAFÍA

Retrato de Nelson Mandela.

«AQUEL QUE SACUDE LOS ÁRBOLES»

Rolihlahla Mandela nace el 18 de julio de 1918 en un pueblo llamado Mvezo, situado en el bantustán de Transkei, en la provincia del Cabo. La traducción aproximada de su nombre de nacimiento es «Aquel que sacude los árboles» o «Provocador de problemas». De linaje real, su padre pertenece a la dinastía de los Thembu, una de las mayores tribus de la etnia xhosa.

Con siete años, se matricula en una misión metodista y se convierte así en el primero de su familia en acudir a la escuela. Dos años más tarde, cuando fallece su padre, el joven Nelson es acogido por el regente de la tribu. La tradición lo destina a convertirse en consejero del futuro rey.

Con 19 años, continúa su formación en otra escuela metodista en Fort Beaufort y, a continuación, empieza sus estudios en la Universidad de Fort Hare. Sin embargo, durante su segundo año, es expulsado por haber participado en una protesta estudiantil. Entonces, Mandela vuelve a su pueblo, donde le espera otro desastre: el rey ha elegido una prometida para él. Para escapar a este matrimonio forzoso, huye en 1941 a Johannesburgo.

LA ENTRADA EN EL ANC

Nelson Mandela desea convertirse en abogado. Empieza estudios de derecho a distancia por la Universidad de Witwatersrand y es contratado como empleado de un despacho gracias a la intervención de Walter Sisulu (dirigente del ANC, 1912-2003). El encuentro con este último es determinante: gracias a él, Mandela entra en el ANC, un partido fundado para defender los intereses de la comunidad negra en Sudáfrica. En esta época, también conoce a Evelyn Mase (1922-2004), con quien se casa en 1944.

Su entrada en la escena política se produce el mismo año, cuando se lanza la Liga de la Juventud del ANC, en la que participa. En los años cincuenta, Mandela se va imponiendo poco a poco como una figura preponderante dentro del partido. Pero su compromiso total con la causa política acaba con su primer matrimonio, del que han nacido cuatro hijos.

En 1952, Nelson Mandela monta con Oliver Tambo (presidente del ANC exiliado, 1917-1993) el primer despacho de abogados negros de Sudáfrica. El éxito es fulgurante y contribuye a su reputación.

En el verano de 1957, conoce a Winnie Madikizela (miembro del ANC, nacida en 1936), dieciséis años menor que él. Se enamora de la joven y contrae matrimonio con ella al año siguiente de conocerse. Winnie y Nelson Mandela tendrán dos niñas.

LA LUCHA POR LA LIBERTAD

El 21 de marzo de 1960, se organiza una manifestación pacífica en Sharpeville que deriva en una represión violenta en la que mueren sesenta y nueve personas y unas ciento ochenta resultan heridas. Tras este acontecimiento, todos los partidos que luchan contra el apartheid, como el ANC, son declarados ilegales; Mandela y los otros dirigentes del partido entran en la clandestinidad.

Mandela está ahora convencido de la necesidad de la lucha armada para defender sus ideales. Dado que son reticentes a provocar pérdidas humanas, los miembros del ala militar recién creada, el Umkhonto we Sizwe, se dedican exclusivamente a realizar actos de sabotaje.

Tras dos años huyendo, Mandela es capturado en el mes de agosto de 1962. Unos meses más tarde, en 1963, la mayor parte de los dirigentes del partido también son encarcelados. Mandela y sus compañeros son acusados de alta traición y se les condena a cadena perpetua en 1964.

LA ENCARCELACIÓN EN ROBBEN ISLAND

Cuando entra por la puerta de la cárcel, Mandela tiene cuarenta y seis años. No volverá a recuperar su libertad hasta veintisiete años más tarde, tras haber pasado dieciocho en Robben Island, en alta mar, frente a Ciudad del Cabo, donde las condiciones de vida son extremadamente difíciles. Durante este encarcelamiento, aumenta su notoriedad. En efecto, se convierte en el símbolo de la lucha contra el régimen racista del *apartheid*, cada vez más criticado por la comunidad internacional.

| Foto de la celda de Nelson Mandela, en Robben Island.

En 1982, Mandela y sus compañeros son enviados a la prisión de Pollsmoor (Ciudad del Cabo). Dos años más tarde, el Gobierno afrikáner se pone en contacto con Mandela. Se entablan negociaciones en un ambiente de máximo secretismo.

EL PRESIDENTE DE LA NACIÓN ARCOÍRIS

La prohibición que recae sobre el ANC se levanta en 1990 y Nelson Mandela es liberado poco después. Su puesta en libertad se acompaña de escenas de júbilo en todos los rincones de Sudáfrica. Prosiguen las negociaciones para fijar las bases de un Estado democrático en un clima de interminables enfrentamientos intercomunitarios.

PREMIO NOBEL DE LA PAZ

Los esfuerzos que tanto Nelson Mandela como el presidente Frederik De Klerk (nacido en 1936) llevan a cabo para abolir el régimen del *apartheid* obtienen el reconocimiento mundial y, en 1993, reciben conjuntamente el Premio Nobel de la Paz.

En el ámbito personal, se separa de Winnie en 1992. El divorcio se consuma en 1996.

Al término de las primeras elecciones democráticas en Sudáfrica, Mandela es elegido presidente.

| Participación de Nelson Mandela en las vota-
ciones para la elección presidencial de 1994.

Dedica los años que pasa al frente de la nación arcoíris a llevar a su país por la senda de la reconciliación. En 1999, tras haber finalizado su primer mandato, deja la presidencia, pero sigue siendo una figura venerada por el pueblo sudafricano, que le pone su nombre a numerosos edificios, avenidas y plazas.

UN PATRIARCA RESPETADO EN EL MUNDO ENTERO

En su octogésimo cumpleaños, se casa con Graça Machel (nacida en 1945), la viuda del antiguo presidente de Mozambique.

¿SABÍAS QUE…?

Mandela hace su última aparición pública en Johannesburgo durante la final de la Copa Mundial de fútbol de 2010. Contribuyó para que Sudáfrica se convirtiera en la sede de la competición.

A partir de 2012, su salud empeora a grandes pasos. Su desaparición el 5 de diciembre de 2013 va acompañada de un homenaje sin precedentes para quien sigue siendo a ojos de todos el héroe de la reconciliación sudafricana.

CONTEXTO

Para comprender los orígenes del régimen del *apartheid*, contra el que Mandela luchó durante toda su vida, hay que remontarse a la llegada de los primeros europeos a Sudáfrica.

LA INSTALACIÓN DE LOS BÓERES Y LA LLEGADA DE LOS INGLESES

En 1652, la Compañía Holandesa de las Indias Orientales establece un punto comercial colonial en el cabo de Buena Esperanza. De manera progresiva, trae a agricultores desde los Países Bajos para garantizar la autonomía de su punto comercial. Una vez que su misión ha finalizado, algunos vuelven hacia la metrópolis, mientras que otros deciden quedarse definitivamente en la región, con la esperanza de cambiar de categoría social y aumentar su fortuna. La Compañía les permite instalarse como ciudadanos libres: son los primeros bóeres («campesinos» en neerlandés).

A finales del siglo XVIII, los ingleses llegan al cabo y, poco a poco, van tomando el control de

la región. Los bóeres, que se oponen a la intro-
ducción de la lengua y del sistema jurídico inglés,
se instalan en zonas desérticas de alrededor.

EL GRAN TREK

En 1833, los bóeres consideran que la abolición de
la esclavitud que han decretado los británicos es
un ataque al orden divino y deciden abandonar
la región del Cabo. Su partida marca el inicio del
Gran Trek, en el que miles de bóeres, deseosos
por emanciparse del poder colonial, se exilian
en las tierras del interior para fundar repúblicas
independientes. Este episodio es considerado el
mito fundacional de su civilización.

A medida que van avanzando, los pueblos
africanos son despojados de sus bienes. Los
bóeres, que se consideran propietarios naturales
de la región, muestran una gran violencia para
desalojarlos.

LA EXPANSIÓN DE LA COLONIA BRITÁNICA

Los británicos también albergan el deseo de
agrandar su territorio, y esto conlleva numero-

sas guerras. Los bóeres ven cómo se frenan sus avances de nuevo y se instalan en las llanuras austeras del Veld, donde fundan el Estado Libre de Orange, así como el Transvaal, cuya independencia reconocen los ingleses en los años 1850.

Entre 1866 y 1886, se descubren en el centro del Transvaal yacimientos de oro y de diamante. Toda la región, que había sido rural y pobre, vive entonces una formidable ola de industrialización. Fluyen los primeros capitales y surgen las primeras ciudades, como Johannesburgo.

A partir de 1899, estalla una nueva guerra entre los ingleses, deseosos de hacerse con las riquezas del Transvaal, y los bóeres. Tras algunos reveses, el ejército británico logra tomar el control de la situación.

LA UNIÓN SUDAFRICANA

En 1910, se crea la Unión Sudafricana. Aunque esta se encuentre en manos de un soberano británico, representado en la colonia por un gobernador general, el Gobierno es local.

En 1913, el Parlamento sudafricano adopta la

Native Land Act, que restringe el derecho de propiedad de la mayoría nativa negra a algunas regiones claramente delimitadas, que representan únicamente el 10 % de todo el territorio. Estas disposiciones legales constituyen la base del futuro régimen del *apartheid*.

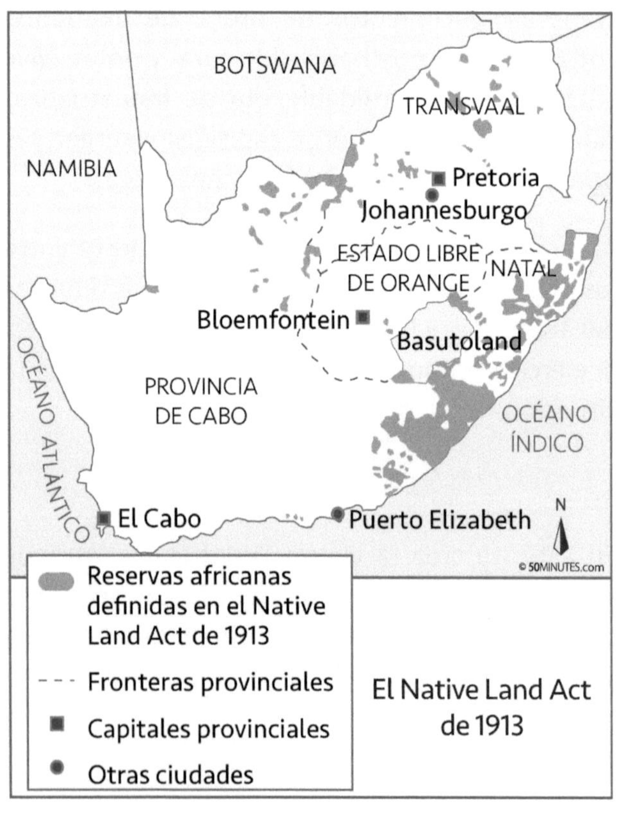

Un año más tarde, se crea el Partido Nacional. Dice ser la expresión política del nacionalismo de los afrikáneres —término que sustituye en el siglo XX a «bóeres» y que designa a los blancos de Sudáfrica no anglófonos. Este partido defiende con firmeza la idea de que los afrikáneres tienen el deber sagrado de convertir Sudáfrica en el país del hombre blanco.

El nacionalismo de los afrikáneres tiene su raíz en el mito de los paisanos bóeres, presentados como pioneros simples y piadosos, que se han labrado un camino en Sudáfrica con su fusil, su Biblia, sus bueyes y su carro. La lengua afrikáans (derivada del neerlandés), hablada principalmente por los blancos no anglófonos de Sudáfrica, también es un vector de identidad comunitaria.

EL NACIMIENTO DE MOVIMIENTOS DE DEFENSA DE LOS DERECHOS CÍVICOS

Como reacción a las desigualdades flagrantes que existen entre blancos y negros, se crean varios movimientos de defensa de los derechos de las comunidades no blancas, entre los que figura el Congreso Nacional Africano en 1912, que lucha por la emancipación de la comunidad negra. Los métodos que escoge el ANC para defender su ideología se inspiran inicialmente de los del Congreso indio de Gandhi (guía espiritual y dirigente político indio, 1869-1948).

GANDHI Y SUDÁFRICA

Gandhi realiza una estancia en Sudáfrica de 1893 a 1915, cuando era abogado en una empresa india. Testigo de las desigualdades y del racismo que vive su comunidad en Sudáfrica, funda el Congreso indio (South African Indian Congress) en 1895 y desarrolla su acción de lucha mediante la resistencia pacífica y la desobediencia civil.

LOS INICIOS DEL *APARTHEID*

En 1948, el nacionalista Daniel Malan (hombre político sudafricano, 1874-1959) se convierte en primer ministro. Se constituye oficialmente el *apartheid*, que fija e institucionaliza una situación de segregación racial que ya existía previamente. A partir de este momento, la población se clasifica en cuatro categorías: los blancos, los indios, los mestizos y los negros. Las poblaciones no blancas se ven sometidas a un conjunto de leyes que las privan de sus derechos fundamentales: por ejemplo, se les prohíbe casarse o tener descendencia con blancos, votar, hacer huelga e, incluso, sindicarse.

¿SABÍAS QUE...?

La palabra «apartheid» viene del francés *à part* («aparte») y significa «separación» en afrikáans. Existe el pequeño *apartheid*, que limita el contacto de los blancos con los no blancos (zonas diferenciadas en los transportes públicos y en los lugares abiertos), y el gran *apartheid*, que divide el espacio en zonas geográficas separadas y étnicamente determinadas.

En 1955 se celebra el Congreso del Pueblo en Kliptown, que reúne a diversas organizaciones políticas *antiapartheid* y, entre ellas, el ANC, el Congreso indio y el Partido Comunista. Durante el acto, se adopta la Carta de las Libertades, en la que ha colaborado Nelson Mandela. Esta asume el objetivo de crear una Sudáfrica unida y no racial.

En 1960, se organizan manifestaciones no violentas en todo el país para protestar contra los *pass* (los pasaportes interiores impuestos a los no blancos).

El 21 de marzo de 1960, un número elevado de manifestantes se reúnen en torno a una comisaría de la *township* de Sharpeville (suburbio indígena), y los policías responden disparando a la multitud. El número de víctimas es elevado. En seguida, el Gobierno decreta el estado de emergencia y los partidos que luchan contra el *apartheid*, como el ANC, se declaran ilegales, por lo que los dirigentes del ANC se ven obligados a actuar en la clandestinidad. Entre 1962 y 1963, la mayoría de ellos son arrestados y condenados a cadena perpetua.

STEVE BIKO Y EL MOVIMIENTO DE CONCIENCIA NEGRA

Tras la matanza de Sharpeville, Steve Biko (figura de la lucha *antiapartheid*, 1946-1977) funda el Movimiento de Conciencia Negra, una corriente de pensamiento que busca un proceso exclusivamente negro para salir del sistema del *apartheid*. Con él nace una nueva generación de resistentes que dominará la lucha antiapartheid durante los años sesenta y setenta, relegando al ANC y a Nelson Mandela a un segundo plano.

En junio de 1976, como respuesta al llamamiento de Steve Biko, se producen manifestaciones y rebeliones populares en Soweto (un barrio periférico de Johannesburgo) para protestar contra la imposición del afrikáans como lengua de aprendizaje. La represión policial es virulenta: se estima que varios cientos de personas son asesinadas, principalmente, alumnos de instituto. Un año más tarde, Steve Biko es arrestado por la policía y, un mes después de su arresto, muere en extrañas circunstancias. Tras estos acontecimientos, la comunidad internacional reprueba al país, que ya era objeto de muchas críticas, y refuerza las sanciones a Sudáfrica.

EL FINAL DEL *APARTHEID*

La situación en el interior del país también se va degradando. El ANC radicaliza sus métodos, comete varios atentados y provoca víctimas civiles. A principios de los años ochenta, surgen por todo el país comités que piden la liberación de Mandela, y el mundo entero se moviliza en torno al eslogan «Liberad a Mandela».

| Campaña de apoyo para liberar a Nelson Mandela, en 1988.

En este contexto, el Gobierno y Mandela inician sus negociaciones. Frederik De Klerk, que resulta elegido presidente en 1989, es consciente de que el Gobierno ya no puede permitirse la defensa del régimen del *apartheid*. Por consiguiente, el 2 de febrero de 1990, levanta la prohibición que se abate sobre los partidos que luchan contra el régimen segregacionista. Unos días más tarde, manda que se libere a Nelson Mandela de forma incondicional. En 1991, se abole oficialmente el *apartheid*.

HACIA UNA REPÚBLICA DEMOCRÁTICA

Las negociaciones prosiguen en un clima tenso que hacen temer el estallido de una guerra civil. En contra de lo esperado, las elecciones de 1994 se desarrollan sin problemas y Nelson Mandela se convierte en el primer presidente de una Sudáfrica multirracial.

Durante su mandato, actúa para crear una unidad nacional y, desde un punto de vista político, se dan pasos de gigante con la nueva constitución de 1996. Sudáfrica derrota el *apartheid* sin que se produzca un baño de sangre. Pero aún quedan retos por asumir: combatir las desigualdades sociales, reducir la pobreza y erradicar la criminalidad y la corrupción.

MOMENTOS CLAVE

MANDELA, EL UTOPISTA PRAGMÁTICO

La llegada de Nelson Mandela a Johannesburgo marca el inicio de su carrera en el ANC. Seguramente, su nueva vida citadina repercute en su decisión de unirse al partido. En efecto, su día a día en Johannesburgo le permite ver con mayor claridad las injusticias que sufren los negros.

Los que conocieron a Nelson Mandela hablan de su profundo sentido moral como punto de partida de su lucha. Según ellos, esta integridad no es solo teórica: al contrario, busca sus raíces en valores profundos. Este sentido de la igualdad desprovisto de cualquier posicionamiento doctrinal le permite evaluar la situación de manera reflexiva y actuar de manera pragmática. Al menos así lo afirma el escritor sudafricano André Brink (1935-2015), amigo y ferviente admirador de Mandela, que considera que «a través de las acciones que han marcado [su] vida [...], los principios siempre han desempeñado un papel fundamental, nunca la ideología»[1] (Brink 2010).

El pragmatismo y la apertura de mente que demuestra Mandela se vuelven visibles a través de su transición asumida del africanismo al no racialismo. En efecto, cuando se une al ANC, una cuestión divide a los miembros del partido: ¿el movimiento debe abrirse a los indios, a los blancos y a los mestizos para alcanzar sus objetivos o, por el contrario, tiene que restringir sus efectivos y sus acciones solo a los negros? En contra de lo que piensa la vieja escuela del ANC, Mandela se convierte en el ferviente defensor del bando africanista, convencido de que la emancipación de los negros solo la pueden obtener ellos. En 1944, es uno de los miembros fundadores de la Liga de la Juventud, determinada a radicalizar la cabeza del partido sobre este tema. Pero, en solo unos años, la evolución de la situación sobre el terreno obliga a Mandela a revisar su postura. Tras la instauración del *apartheid* y con el refuerzo de las desigualdades entre blancos

---

1. Cita traducida por 50Minutos.es

y no blancos, es consciente de que el ANC debe colaborar con otras organizaciones para alcanzar la movilización necesaria para luchar contra el régimen. A partir de este momento, Mandela defiende la idea de un combate que lleven a cabo todos los sudafricanos por una sociedad unida y multirracial.

Su decisión de renunciar a la opción pacifista en 1960, tras la matanza de Sharpeville, también habla por sí sola. Tal y como él mismo confiesa, esta elección era más estratégica que una opción ideológica en sí. Tras unos debates acalorados, Mandela consigue convencer a sus colaboradores del ANC de la necesidad de llevar a cabo una lucha armada. Más tarde, afirmará que «siempre es el opresor quien determina los métodos de acción: si usa la fuerza bruta contra las aspiraciones populares legítimas, si rechaza un diálogo significativo y de buena fe, que es el mejor método en cualquier circunstancia, ya que los conflictos se resuelven mejor con la cabeza que con la sangre, entonces, los oprimidos ya no tienen más opción que recurrir también a la fuerza»[2] (Claude 2013).

---

2. Cita por 50Minutos.es

MANDELA, UNA FIGURA CARISMÁTICA

El auge político de Mandela dentro del ANC se produce de manera casi inmediata. Rápidamente, se impone como una figura central del partido. Su carisma y su don de palabra explican en gran medida este ascenso. Tampoco podemos obviar los clichés de la época: de gran estatura y con un físico atlético, siempre va vestido de manera elegante y con una sonrisa carismática, en cualquier circunstancia. Sus contemporáneos sienten fascinación por él y, en particular, las féminas, entre las que causa sensación. Pero su halo va más allá del simple físico. Mandela también maneja la importancia de lo simbólico, como cuando se deja fotografiar mientras quema su *pass* en 1960, un gesto temerario que resalta su actitud desafiante con respecto a las autoridades.

| Nelson Mandela quema su *pass*, en 1960.

Con respecto a esto, podemos señalar otro episodio significativo cuando se inicia su juicio en 1962: para la ocasión, aparece envuelto en un kaross, el abrigo tradicional de piel de leopardo de los dignatarios xhosa. Ya en los años cincuenta, cuando es un abogado de renombre que se presenta de manera habitual con un traje de chaqueta, se deja fotografiar con los ropajes tradicionales. Con esto, manifiesta la importancia que otorga a sus raíces africanas y a su linaje prestigioso de la familia real de los thembu. Cuanto se sienta en el banquillo de los acusados vistiendo su kaross, Nelson Mandela también se muestra como un hombre negro en un tribunal de hombres blancos. Sabe a la perfección que esta imagen es poderosa y desea utilizarla para influir en la población.

Un proceso que se convierte en una tribuna política

Mandela transforma el proceso de Rivonia —por el nombre de la ciudad en la que son arrestados los representantes del ANC— en una tribuna política. Utiliza su alegato antes que nada para defender su visión y sus ideales. No niega los hechos de los que es acusado, pero se niega a reconocer la legitimidad de la autoridad que pretende juzgarlo. El valor de esta acción debe medirse teniendo en cuenta el peligro que corre: la

ROBBEN ISLAND Y EL NACIMIENTO DEL MITO DE MANDELA

Nelson Mandela no es condenado a muerte. Su sentencia son los trabajos forzados perpetuos. Sin embargo, sus años de cárcel no lo debilitan, sino que van moldeando al futuro hombre y líder.

Así, sus compañeros de combate y el propio Mandela se niegan a creer que terminarán sus días en una cárcel. Gracias a esta convicción, no se dejan desanimar y logran enfrentarse a las duras condiciones de detención que viven en Robben Island. Mandela, que siempre se muestra amable con sus guardias afrikáneres, exige y obtiene a cambio un trato de respeto.

Considera incluso que esta «convivencia forzosa» con el enemigo es una situación de la que puede sacar provecho. Quiere entender a los afrikáneres. Por eso, aprende su lengua en la cárcel y se interesa por la historia de los bóeres. Mandela se da cuenta de que más allá de las diferencias comunitarias, los afrikáneres y su pueblo comparten afinidades que podrían suponer el punto de partida de un diálogo: en efecto, su pasado nómada, tribal y campesino, su apego por el continente africano y su experiencia en la lucha por la supervivencia podrían ayudarlo a reconciliar a las dos comunidades.

Mandela aprovecha sus años de cárcel para estudiar y enseñar. Quiere que reine en la prisión un espíritu universitario, y que cada uno de sus camaradas comparta su saber con los demás.

Así, durante su condena se convierte en un icono de la lucha contra el opresor blanco. Tal y como dice con mucho atino André Brink, «como ya no estaba aquí, su presencia estaba muy viva. Estaba en el centro de todo lo que ocurría. [...] Su ausencia y la propia prohibición de citarlo favorecieron su transformación en mito»[3] (Le Monde 2013). Mandela sabe que poco a poco se ha convertido en un icono, y acepta que el ANC utilice su imagen para movilizar en torno al partido a las fuerzas que le permitan auparse de nuevo como la primera organización de lucha contra el *apartheid*.

---

3. Cita traducida por 50Minutos.es

Por otro lado, mientras se desarrolla esta acción de movilización en torno a la figura de Mandela, el ANC ejerce presión sobre el Gobierno endureciendo las acciones efectuadas por el brazo armado del partido. Llevan a cabo atentados y uno de ellos cuesta la vida a diecinueve personas en Pretoria.

El Gobierno, que se ve sometido a una presión interna y externa, decide ponerse en contacto con Nelson Mandela, que en ese momento encarna la lucha contra el *apartheid*. El primer encuentro tiene lugar en noviembre de 1985, en el hospital Volks en Ciudad del Cabo, en el que Mandela ha sido ingresado para que se le realice una operación de próstata. Cuando sale, vuelve a Pollsmoor, pero ahora cuenta con una habitación individual para que pueda proseguir las conversaciones secretas iniciadas con el Gobierno. Los riesgos asumidos son enormes y Mandela lo sabe. Pero este acto audaz tendrá su recompensa: estos encuentros fijarán las bases para las negociaciones que desembocarán en la transición democrática.

La figura de Winnie Mandela ha contribuido en gran medida a la construcción del mito que rodea a Nelson Mandela, pero cuando se acerca el momento de la liberación de este último, ella encarna la parte oscura.

Cuando Mandela es encarcelado, Winnie se convierte en su portavoz. Este estatus le otorga mucha visibilidad, y ella lo utiliza para desafiar a las autoridades. Como consecuencia de sus acciones, se ve acosada por la policía, que la arresta en varias ocasiones y la encarcela sin juicio. Será torturada, puesta en aislamiento durante larguísimos periodos, pero su aura no dejará de crecer, puesto que, frente a la adversidad, se mantiene fiel a la causa que defiende.

Tras ocho años de exilio forzado en el Estado Libre de Orange, Winnie vuelve a Soweto. Pero estos años han marcado a la esposa de Mandela, que muestra signos de una progresiva radicalización. En un discurso de 1985, justifica el collar del suplicio (castigo que consiste en colocar un neumático en llamas alrededor de las personas sospechosas de haber traicionado a la causa), afirmando que solo así el país será liberado. Al año siguiente, forma el Mandela United Football Club, una milicia que impone un clima de terror en Soweto al amparo de actividades deportivas. Su reputación se ve definitivamente empañada cuando es acusada por un miembro de este club de haber encargado el asesinato de Stompie Moeketsi (1974-1989), un joven militante del ANC, de catorce años, sospechoso —según Winnie— de trabajar como informador para el Gobierno.

Aunque algunos siguen viendo en ella a la madre de la nación, muchos critican su implicación en este asesinato. Sin embargo, cuando Nelson Mandela sale de prisión, la apoya y esto le permite recobrar una parte de su legitimidad. Pero reina la incomprensión en la pareja, que ya no comparte los mismos ideales. La tensión entre ambos va en aumento y, en 1992, se separan. No obstante, la popularidad de Winnie en la comunidad le permite ocupar diversas funciones en el Gobierno de Mandela y de sus sucesores.

MANDELA A LA CABEZA DE LA NACIÓN ARCOÍRIS

Cuando Mandela es liberado, el camino que se debe recorrer para instaurar un régimen democrático todavía es largo, y la transición no será fácil. Como fino diplomático, Mandela comprende que la minoría blanca es demasiado poderosa como para no convertir al enemigo de ayer en el socio de mañana.

UNAS NEGOCIACIONES SACUDIDAS POR LA VIOLENCIA

El Inkhata Freedom Party (el Partido de la Libertad) se opone radicalmente a las negociaciones que se producen entre el ANC y el Gobierno. Este partido conservador de mayoría zulú, fundado en 1975, defiende la idea de continente africano separado étnica y geográficamente. El líder del partido, Mangosuthu Buthelezi (nacido en 1928), organiza revueltas en 1992, que se saldarán con matanzas, en especial en Boipatong y en Bisho. A pesar de todo, las negociaciones prosiguen su curso y llegarán a buen puerto.

Una vez que se encuentra a la cabeza del país, Mandela multiplica los actos simbólicos de reconciliación. Así, por ejemplo, invita a tomar el té a las mujeres de los antiguos primeros ministros y presidentes de país y a las esposas de los antiguos prisioneros de Robben Island; o, durante la Copa del Mundo de rugby en 1995, defiende el equipo nacional de los Springboks, a pesar de que son el símbolo de los blancos de Sudáfrica.

Mandela es plenamente consciente de lo difícil que resulta para su país rememorar el pasado, pero considera que se trata de una etapa necesaria. Por eso, crea la Comisión de la Verdad con el objetivo de establecer un censo de todos los abusos cometidos desde la matanza de Sharpeville en 1960. Se invita tanto a las víctimas como a los autores de los crímenes a que presenten su testimonio ante la Comisión presidida por monseñor Desmond Tutu (obispo sudafricano, nacido en 1931). A cambio de sus confesiones, los autores de los actos violentos obtienen una amnistía total.

Tal y como lo había anunciado, Mandela no se presenta para un segundo mandato. Dedica los últimos años de su vida a defender ciertas causas por las que siente un compromiso especial, como, sobre todo, la educación y la lucha contra el sida.

Cuando fallece con noventa y cinco años, el mundo entero le rinde homenaje y aclama al héroe de la lucha contra el *apartheid* que acabó convirtiéndose en el primer presidente negro de Sudáfrica. Se organiza un funeral de Estado en los que se dan cita numerosas personalidades políticas. Es enterrado en el pueblo de su infancia, Qunu. Siguiendo su voluntad, su sepultura es modesta: sobre la losa de su tumba solo aparece grabada una palabra, «Mandela».

REPERCUSIONES

EL FINAL DEL *APARTHEID*

La herencia de Mandela es una Sudáfrica que vence al *apartheid*. Con el final del régimen segregacionista también desaparece uno de los últimos símbolos de la colonización europea, tal y como indica Mark Behr (autor sudafricano, 1963-2015).

Aunque el presidente repite durante mucho tiempo que él no se encuentra en la raíz del cambio del país, ya que otros han participado en él, lo cierto es que Mandela libra la batalla decisiva y, con su magnanimidad, permite que esta revolución se produzca sin que se transforme en una guerra civil.

UN BALANCE POLÍTICO AGRIDULCE

Cuando accede a la presidencia, Nelson Mandela se dedica esencialmente a consolidar la unión nacional actuando para la reconciliación entre las distintas comunidades sudafricanas.

Delega la gestión de los asuntos corrientes en su vicepresidente —y futuro sucesor— Thabo Mbeki (nacido en 1942). Para este, la recuperación económica del país pasa obligatoriamente por su reinserción en el sistema económico global dominado por las potencias capitalistas occidentales. Así, el ANC da un giro radical y deja atrás la influencia marxista que marcó el tono de los años de lucha para lanzarse en la aventura liberal, demostrando de nuevo el pragmatismo ideológico del que ha hecho gala en varias ocasiones.

Llega el crecimiento económico, pero Thabo Mbeki fracasa en la redistribución de la riqueza, a pesar de algunos esfuerzos loables (construcción de muchas viviendas, mejora de la distribución de la electricidad y del acceso al agua potable). El orden económico privilegia a los blancos y, en realidad, eso no se pone en entredicho, por lo que la segregación racial deja paso a una segregación social que conserva características comunitarias, aunque asistamos al desarrollo de una nueva élite económica negra, a menudo situada cerca del poder. Las relaciones de Mbeki con la clase empresarial son buenas, pero poco a poco pierde contacto con la base popular, decepcionada por la pusilanimidad del Gobierno para resolver los problemas de desempleo, para tomar medidas que contrarresten la expansión de la epidemia del sida y para solucionar el fuerte aumento de la criminalidad y de la corrupción. Como contrapartida, algunos representantes del ANC radicalizan su discurso y adoptan ideas antiblancas. La persistencia de las desigualdades entre negros y blancos genera, además, actos de venganza individuales hacia la minoría europea, muy preocupada por esta situación.

Thabo Mbeki, acusado de interferencias políticas, se ve obligado a dimitir en septiembre de 2008. Un año más tarde, resulta elegido Jacob Zuma (actual presidente de la República de Sudáfrica, nacido en 1942). Este representante del ala izquierda del ANC logra reunir los votos decepcionados de los más pobres a raíz de la política económica liberal del presidente Mbeki. Sin embargo, su reelección en 2014 se produce en un panorama de desilusión. No acaba de llegar el equilibrio económico y social, a pesar de las promesas que se han repetido tantas veces. En todas las capas de la población, va creciendo el escepticismo con respecto a la acción política que lleva a cabo el ANC. Aunque el partido sigue dominando el paisaje político, se observa un cierto retroceso.

MANDELA, EL PATRIARCA Y EL EMBLEMA FEDERADOR

Mandela muere más de diez años después del final de su mandato presidencial. Así, él mismo vivirá lo que viene «después de Mandela».

Cuando se retira de la vida política, sigue siendo una figura pública importante, tal y como demuestra su presencia casi permanente en los medios de comunicación sudafricanos. En el plano internacional, tampoco pierde un ápice de su notoriedad. Las derivas del ANC no empañan su imagen y sigue gozando de la unanimidad de la opinión pública. Incluso parece que cuanto más desacreditada está la clase política a los ojos de los sudafricanos, más se erige Mandela como héroe, casi a su pesar. En efecto, aunque es consciente del mito que encarna, siempre ha evitado caer en el culto a la persona.

Sería injusto declararlo responsable de la pésima gestión del poder de sus sucesores. Sin embargo, es sorprendente su silencio sobre las derivas de su partido. Así, reconoce que el ANC no se ha ocupado suficientemente de la epidemia del sida y critica los esfuerzos insuficientes del Gobierno de Mbeki a este respecto. Sin embargo, obviando este punto, la lealtad hacia su partido es máxima.

Parece que resultará difícil la transición directa hacia la democracia y, además, no se puede borrar en unos años tanta desigualdad, consecuencia directa de cuarenta y tres años de *apartheid*. El ANC todavía no está a la altura de su misión, y el destino de Sudáfrica es muy incierto. Sin embargo, incluso después de su muerte, Mandela sigue encarnando una figura que reúne a los sudafricanos y un emblema capaz de inspirar la línea moral necesaria para dar forma a la nueva democracia.

EN RESUMEN

1918
18 jul.: nacimiento de
Nelson Mandela

1941
Nelson Mandela huye a
Johannesburgo

1943
Nelson Mandela entra en el ANC

1943
**Creación de la Liga de la Juventud
del ANC**

1952
Nelson Mandela funda el primer
gabinete negro de Sudáfrica junto
a Olivier Tambo

1960

20 mar.: matanza de Sharpville
creación del brazo armado
del ANC

1962

Ag.: Nelson Mandela es arrestado

1964

Nelson Mandela es condenado a
cadena perpetua

1990

Nelson Mandela sale de la cárcel

1991

Queda abolido oficialmente
al *apartheid*

1993

Nelson Mandela es elegido
presidente de Sudáfrica

1998

Nelson Mandela decide no volver
a presentarse para un segundo
mandato

2013

5 dic.: fallecimiento de
Nelson Mandela

- En todos los rincones del mundo, se alaba el nombre de Nelson Mandela. Es el militante intratable contra el *apartheid* que, tras haber estado encarcelado durante veintisiete años, se convierte en el estratega pragmático del proceso democrático. Cuando se sitúa a la cabeza de Sudáfrica, actúa para la reconciliación de su país, dividido por las heridas del pasado. Tras haber cedido el poder, sigue siendo una figura venerada que encarna la esperanza y la reconciliación.

- Es bonito convertirse en un icono, pero eso no lo es todo. Es el primero en reconocerlo cuando se dirige a los suyos tras su salida de prisión: «Comparezco ante vosotros no como profeta, sino como humilde servidor. Vosotros y vuestros sacrificios heroicos me han permitido estar hoy aquí delante de vosotros y, por lo tanto, los años que me queden de vida, [sic] estarán en vuestras manos» (Viana 2010).

- Eso no quiere decir que sea perfecto. No es un héroe, ni siquiera un pacifista. Pero solo podemos sentir admiración ante sus cualidades de hombre: su fe en la humanidad, su valentía y su determinación cambian el destino de Sudáfrica a golpe de sacrificio.

- Hoy en día, la herencia que Mandela ha dejado suscita preocupación y plantea preguntas. Las desigualdades entre las distintas comunidades de Sudáfrica no se han eliminado. Persisten y, muy a menudo, son en provecho de la minoría blanca, así que algunos se sienten abandonados. Estos últimos consideran que Mandela ha perdonado y cedido demasiado, y se sienten traicionados. Le reprochan su clemencia y los compromisos pactados para garantizar una transición democrática sin sobresaltos, lo que no ha permitido que se instale un verdadero equilibrio entre las comunidades.

- Aunque este reproche puede parecer injusto, muy a menudo se silencian otras críticas para no empañar la imagen de santo que algunos ven en Mandela. Su partido, el ANC, tiene mucha parte de responsabilidad en la parálisis actual de Sudáfrica, que se debate entre los estragos de la epidemia del sida, la criminalidad sin límites y la corrupción, que gangrenan el país. Mandela, por lealtad o por ceguera, jamás denunció al ANC, ni consideró que su partido estuviera tomando el camino equivocado.

- A pesar de las dificultades a las que se enfrenta el país, no se pierde la esperanza de que Sudáfrica pueda convertirse algún día en el país con el que Nelson Mandela soñó y para el que tanto trabajó. Tal y como recalca André Brink en 1999, «Mandela ha hecho lo imposible. Ahora les toca a sus sucesores hacer lo posible»[1] (Brink 2010).

1. Cita traducida por 50Minutos.es

¡Tu opinión nos interesa!
¡Deja un comentario en la página web de tu
librería en línea,
y comparte tus favoritos en las redes sociales!

PARA IR MÁS ALLÁ

FUENTES BIBLIOGRÁFICAS

- Behr, Mark. 2013. "Nelson Mandela, une ligne morale". *Le Monde*. 6 de diciembre.

- Beresford, David. 2013. "Nelson Mandela Obituary". *The Guardian*. 6 de diciembre.

- Claude, Patrice. 2013. "Mort de Nelson Mandela, l'Africain capital". *Le Monde*. 5 de diciembre.

- Coquerel, Paul. 2010. *L'Afrique du Sud: une histoire séparée, une nation à réinventer*. París: Gallimard.

- Courrier international. 2013. "Mandela, un héros de notre temps". *Courrier international*. 6 de diciembre.

- Couzens, Tim, Rosalind Coward, Amina Frense y Mike Nicol. 2006. *Mandela, le portrait autorisé*. París: Acropole.

- Keller, Bill. 2013. "Nelson Mandela, South Africa's Liberator as Prisoner and President, Dies at 95". *The New York Times*. 5 de diciembre.

- Le Monde. 2013. "Mandela, les discours entrés dans l'histoire". *Le Monde*. 6 de diciembre.

- Mandela, Nelson. 1994. *Long Walk to Freedom*. Randburg: Macdonald Purnell.

- Mandela History, "Mandela: An Audio History". Consultado el 25 de enero de 2017. http://www.mandelahistory.org/

- Martins, Alejandra. 2013. "Nelson Mandela, el líder que inspiró al mundo". *BBC Mundo*. 5 de diciembre. Consultado el 30 de enero de 2017. http://www.bbc.com/mundo/noticias/2013/12/111222_new_mandela_obituario_am

- Sampson, Anthony. 1999. *Mandela, The Authorized Biography*. Nueva York: Harper Collins.

- The Nelson Mandela Foundation, "The Nelson Mandela Centre of Memory". Consultado el 25 de enero de 2017. https://www.nelsonmandela.org/

FUENTES COMPLEMENTARIAS

- Keller, Bill. 2013. *Three Shaker: The Story of Nelson Mandela*. Nueva York: Kingfisher Books.

- Lodge, Tom. 2003. *Politics in South Africa From Mandela to Mbeki*. Cabo y Oxford: David Philip Publisher.

- Mandela, Nelson. 2010. *Conversations With Myself*. Nueva York: Farrar, Straus & Giroux.

- Oxford Stories. 2014. "Apartheid". *Oxford Stories*. Oxford: Oxford University Press.

- Russell, Alec. 2009. *After Mandela, the Battle for the Soul of South Africa*. Londres: Hutchinson.

- Sparks, Allister. 1996. *Tomorrow Is Another Country: The Inside Story of South Africa's Road to Change.* Chicago: University of Chicago Press.

- Suant, Jacques. 1996. *Afrique du Sud, du principe à la nécessité.* París: L'Harmattan.

- Viana, Israel. 2010. "Mandela, el 'humilde servidor' que cambió la historia de Sudáfrica". *ABC.* Consultado el 25 de enero de 2017. http://www.abc.es/20100211/historia-/mandela-humilde-servidor-cambio-201002111033.html

FUENTES ICONOGRÁFICAS

- Retrato de Nelson Mandela. La imagen reproducida está libre de derechos.

- La celda de Nelson Mandela en Robben Island. La imagen reproducida está libre de derechos.

- Participación de Nelson Mandela en las votaciones para la elección presidencial de 1994. La imagen reproducida está libre de derechos.

- Campaña de apoyo para liberar a Nelson Mandela en 1988. La imagen reproducida está libre de derechos.

- Nelson Mandela quemando su *pass*, en 1960. La imagen reproducida está libre de derechos.

PELÍCULAS Y DOCUMENTALES

- *Mandela*. Dirigida por Philip Saville, con Danny Glover y Alfre Woodard. Estados Unidos: 1987.

- *Death of apartheid*. Dirigido por Stephen Clarke, Mick Gold y Steward Lansley. Estados Unidos: 1995.

- *Mandela: Son of Africa, Father of a Nation*. Dirigido por Angus Gibson y Jo Menell. Estados Unidos: 1996.

- *Mandela y De Klerk*. Dirigida por Joseph Sargent, con Sydney Poitier y Michael Cain. Estados Unidos: 1997.

- *The Long Walk of Nelson Mandela*. Dirigido por Clifford Bestall. Estados Unidos: 1999.

- *Adiós Bafana*. Dirigida por Bille August, con Dennis Haysbert y Joseph Fiennes. Reino Unido: 2007.

- *Invictus*. Dirigida por Clint Eastwood, con Matt Damon y Morgan Freeman. Estados Unidos: 2009.

- *Reconciliation: Mandela's Miracle*. Dirigido por Michael Henry Wilson. Estados Unidos: 2010.

- *Winnie*. Dirigida por Darrell Roodt, con Jennifer Hudson y Terrence Howard. Sudáfrica: 2011.

- *Mandela: Long Walk to Freedom*. Dirigida por Justin Chadwich, con Idris Elba y Naomie Harris. Estados Unidos: 2013.

- *Nelson Mandela: The Final Chapter.* Dirigido por Clifford Bestall. Australia: 2013.

- *Mandela y Fidel.* Dirigido por Estela Bravo y Ernesto Mario Bravo. Cuba: 2013.

ISBN ebook: 9782806288608

ISBN papel: 9782806288615

Depósito legal: D/2016/12603/709

Libro realizado por Primento, *el socio digital de los editores*